ので
世界を変える

日本弁護士連合会消費者問題対策委員会

表紙・本文カット　木椋隆夫

岩波ブックレット No. 946

はじめに

私たちは、この社会に生きる市民であると同時に、消費者でもあります。

朝起きてから夜眠るまで、いいえ、眠ってからも、私たちの日常生活の一コマ一コマは、実は消費者としての行動で成り立っています。そして、多くの社会問題は、私たちの消費のありかたと密接に関係しています。たとえば、地球温暖化は、私たちのエネルギー消費のありかたと切り離すことはできません。

このことは、私たちが消費のありかたを変えることで、さまざまな社会問題に影響を与えることができる、ということも意味しているのではないでしょうか。

こうした問題意識を背景として、日本でも二〇一二年一二月に、「**消費者教育推進法**」が施行されました。この法律は、私たちに消費者教育を受ける権利があるということを定めています。

また、この法律は、「**消費者市民社会**」の実現をめざしています。

しかし、いったい、「消費者市民社会」とはなんでしょうか。私たちの日々の生活とどのように関係しているのでしょうか。それを考えるために、このブックレットを編みました。

日本弁護士連合会　消費者問題対策委員会

第1章　鈴木さんファミリーの一日

「母さん！　起きたらオレのスマホの留守電にお祖母《ばあ》ちゃんから変なメッセージが入っていたんだけど、これ、ちょっとヤバいかも」

大学生の長男、大介の言葉に、鈴木華子は朝食を用意していた手をとめた。

「変なメッセージって、どんな?」

「お金は送ってやるから心配するな、って。でもオレ全然心当たりないし、電話かけなおしたけど出ないんだよ。もしかしておばあちゃん、**振り込め詐欺**▼1にでもやられてんじゃないのかな」

日ごろ平和な鈴木家の、ある怒濤の一日の幕開けだった。

ついにウチにも来たか！　華子は作りかけの卵焼きが入ったフライパンを「後は自分でやりなさい」と大介に手渡し、隣町にひとりで住む義母せつ子の家へと自転車を走らせた。

華子の頭の中を、在宅ヘルパーのパート仲間とつい先日交わした会話がかけめぐる。最近この近辺で、ひとりぐらしのお年寄りが次々と「振り込め詐欺」被害に遭っているというのだ。

手口は巧妙で、息子や孫だけでなく、ときには数人で弁護士や警察官などさまざまな役に扮して被害者を騙《だま》すケースもあるらしい。お人よしで他人を信じやすいせつ子など、簡単に引っかかるだろう。しかもせつ子は、今年に入ってから物忘れがひどくなっていた。華子は心配しながらも家事や仕事に忙殺され、しばらく義母の様子を見にいかなかったことを後悔した。

「あら華子さん。どうしたの、こんな朝から」。驚いた顔でせつ子が出迎えた。

「お義母《かあ》さん！　まだ大介にはお金を振り込んでいませんよね!?」

「まあ、大ちゃんが話したの？　でも、あの子は悪くないんだから、怒らないであげてね」

聞けば、昨日、大介が「学校のサークル旅行費一二〇万円を会計担当として預かっていて、銀行に入金する前にうっかり電車に置き忘れてしまった」と泣きながら電話をかけてきたという。よく考えればいろいろ疑問のある話だが、「大介」の切迫した様子に、せつ子はすっかり巻き込まれてしまったらしい。昨日は天気が悪かったせいでリューマチが痛んで動けなかったが、明日、具合が良くなったら朝一番にお金を振り込むからと約束し、いまちょうど銀行に出かける支度をしていたところだったと言う。

そのとき、電話が鳴った。せつ子を制して華子が受話器を取ると、大介と多少似ていなくもない若い男の声が響いた。

「おばあちゃん、今日振り込んでもらえそう？　オレ本当に困ってるんだ。もしダメなら……」

「オレって誰よ！　あんた、オレオレね！」

華子が受話器に向かって叫ぶと同時に、ガチャン！　と電話は切られた。せつ子は何事が起きたのかと、横でおろおろしている。

間に合ってよかった。華子はため息をついた。だが冷静になって考えると、騙されたふりで警察に通報し、犯人を逮捕してもらう方法もあったのかもしれない。

そう思いながら顔を上げると、ふと、いくつもの荷物や小包が、梱包されたまま部屋の隅に積み上げてあるのが目に入った。

「お義母さん、これ何ですか？」

「新しいお布団よ」

「こっちは？」

「健康になるお水よ。すごくカラダにいいの」

「そうですか……。あちらは？」

「お布団でしょ」

「その横に積み上げてあるのは？」

「……それもお水だったかしら」

「ちょ、ちょっと待ってください。なぜ布団と水ばかり、こんなに沢山あるんですか！」

華子はまた思わず叫んでいた。

「だって新製品でお得だったのよ。健康にいいし、普通のお店では買えないの。それにポイントがたまると一〇万円の健康食品のチケットもらえるんだから。担当の人が親切で、いろいろ催しものもあって、すごく楽しいのよ」

気が遠くなった。どうやらせつ子は**ＳＦ商法**▼[2]にも引っかかっているらしい。

「お義母さん。本当に必要なものならいいけど、お布団もお水もこんなにいらないでしょ。無理に買わされたら苦情を言えばいいし、いらない物は**クーリング・オフ**[3]できるのよ」

「くりん護符？　それなあに？　どうやるの」

あらためてそう問われると華子も正確には答えられない。「とにかく親切に勧められてもすぐに買わないで、私たちに相談してくださいね」と念を押し、いったん家に戻ることにした。

まずインターネットで返品方法を調べよう。夫の一郎にも相談しなくては。すぐ同居するのが無理なら、せめて詐欺の被害に遭わないようにしないと。頭を抱えながら帰宅すると、大介が
「お祖母ちゃん、大丈夫だった？」と、**心配**そうな顔で待ち受けていた。

「間一髪だったわ。でもお祖母ちゃん、他にも変なものをいろいろ買わされているみたいなのよ。大介、あんた毎日バイトもいいけど、たまにはお祖母ちゃんのところに顔を出して、気をつけてあげてね」

「わかった。でもバイトといえばさ、オレ、いまのところ辞めようか悩んでるんだよな」

「友達のゆうじ君と一緒にやっているコンビニでしょ？　まだ始めて一カ月じゃない」

「でもあそこ、**ブラック企業**[4]みたいなんだ。レジの金額が合わないことがあったんだけど「連帯責任」とかいって差額をバイト代から天引きされたんだ。あと、クリスマスの時なんてかなり残業したんだけど残業代は半分しかくれなかったし……」

「え!!　それ法律に違反してるんじゃないの!?　たしかに辞めるか、どこかに訴えた方がいい

かもしれないわ」

「オレは辞めてもいいんだ。でも、ゆうじは奨学金もらってるだろ。奨学金は**学生ローン**▼5と同じだから、多く借りると後が大変で、なかには奨学金が返せなくて自己破産している若い人もいるんだって。だからきついバイトでも辞められないんだよ。なのにオレだけ抜けるのも悪くて」

「ホント？　奨学金って返さなくてもいいんじゃないの？　利子はないと思っていたけど」

「そんなのごく例外だよ。それにゆうじはバイトをかけもちして居酒屋でも働いているんだけど、そっちも同じようなところみたい。一、二時間のサービス残業は当たり前で、着替えや掃除は労働時間にカウントされない。勝手にシフト決められてテスト勉強もできない。あいつ、毎日疲れきってロクに授業も受けられなくてさ。力になりたいけど、オレもどうしたらいいかわからないんだ」

「かわいそうに……」

「でも、ゆうじ、最近もっとワリのいいバイトしたいって、よくわからない仕事に興味持っているみたいなんだ。お金儲けするための教材を売る**ネットワーク・ビジネス**▼6だって。これってヤバくないかな」

「よくわからないけど、ねずみ講みたいなものなのかしら。心配ね」

華子は一人になるとパソコンを開き、振り込め詐欺や悪質商法の手口、ブラックバイトなどについて検索していった。いままで人ごとのように思っていたが、こうして我が身に降りかかってみると、自分たちが驚くほど無防備で何も知らなかったことを痛感する。

調べるうち、振り込め詐欺も「受け子」「出し子」と呼ばれる集金係は、犯罪に加わっている意識のない若いアルバイトが使われることがあると知った。ふつうの市民が被害者だけでなく、簡単に加害者になる危険性もあることにあらためて気がつき、華子は暗い気持ちになった。

それにしてもゆうじ君のことは気の毒だが、自分たちだってまったく安心というわけではない。長引く不況のあおりを受け、一郎の会社もこれまで何度かリストラの嵐が吹き荒れている。末っ子の愛はまだ中学三年生だ。愛が大学を出るまで、夫が無事に勤めを続けられる保証はない。学資保険だけで大丈夫だろうか。

そういえば、最近よく「**NISA**▼7」という名前を目にする。たしか、子どもの将来のための「子どもNISA」というのもあると聞いた。ついでだから調べてみよう。国をあげて促進しているようだから、きっとリスクが低くて、優良な財テク方法なのだろう。でも、本当に心配はないのだろうか……。ふと華子の頭の片隅を、テレビのドキュメント番組で見たFXとかいう外貨取引で全財産を失った主婦の話がよぎった。

日常生活の小さな落とし穴

午後になり、大介が渋々アルバイトに出かけたのと入れ替わりに、夫の一郎がクルマで帰ってきた。

「どうしたの。ずいぶん早いじゃない」

「今日は休日出勤の振り替えで半休なんだ。それより、宅配便が届いてなかった？」

「来てるわよ。大きいのが一つと、小さいのが二つ。書斎に置いてあるでしょ」

一郎の目がキラリと光った。

「お、そうか！　じゃあ、ちょっと書斎に……」

一郎は家電オタクだ。正確には「家電」というより「ネットショッピングによる家電購入オタク」といったほうがいいだろう。暇さえあればネットの比較サイトで、あちらのスペックが優秀だ、こちらのコスパがいいと、新製品を見比べては悦に入っている。それで喜んでいるだけなら罪はないが、華子を悩ませているのは、必要ないものまでやたらと買い込む夫の悪癖だ。鈴木家には毎日のように大小さまざまな通販の小包が届くのだ。

五分ほどして包みを小脇に抱えながら書斎から戻った一郎は満足げな表情だ。そこに、華子は待っていたかのように厳しい声をかけた。

「アナタ、今日は何が届いたんですか」

「ん？　いやそれは、えーと何だっけ、防災の……」

怪しい雲行きを感じたのか、一郎は終わりまで話さずにそそくさと居間を去ろうとする。

「ちょっと待ってアナタ！　防災グッズが重要なのは私もわかるけど、ソーラーシステムのLEDランプは昨日届いたので四個目よ。それなのに今日の荷物にも伝票にソーラーLEDって書いてあるじゃないの。これ、どういうこと?」

「いや、一つは屋外用の強力なヤツで、ひとつは室内用でインテリアにもなって、ひとつはラジオと充電器が一体型で、今日のはそれの予備で……」

「そんなもの一個あれば十分です。懐中電灯はもう人数分あるでしょ」

「分かってくれよ。キャンプ用品と防災グッズは男のロマンなんだよ」

「へえー、男のロマンとやらはネット通販で毎日届くんですか!」

華子の強い口調に怯《ひる》んだ一郎は、さらにトーンを落とした。

「いや、そりゃあオレだって、ちょっと買いすぎかなとは思っているよ。でも、一度ひとつのモノを買うと、パソコンを開くたびにオレが欲しがりそうな新製品の宣伝が目に入るだろ。ああいうのを**ターゲット広告**▼8というらしいんだけど、分かっていても、つい目を奪われて、クリックしちゃうんだ。まあ、そんな高いものを買ってるわけでもないし……」
「そんなこと言い訳になりません。同じようなものをいくつも買ってるだけじゃないわ。危ないものだってたくさんあるじゃない」
「な、なんだよ、危ないものって」

「私、前にアナタが買った家庭用シュレッダーで、危うく指を切り落とされそうになったことがあるのよ。最近では電気マッサージ器。肩がこったから使わせてもらおうと思ったら、洋服の端が巻き込まれて、一瞬ヒヤっとしちゃった。あんなの下手したら命にかかわるわ」

「危ないなあ。でも、もしかしてマッサージ機のカバーを外して使ったんじゃないか？」

「カバー？　どうだったかしら。そういえば外していたかも」

「カバーを外して使ってはいけないと**取扱説明書**▼9に書いてあっただろう。どんな製品だって、何をしても安全というわけではないんだよ。商品として流通した後でも不具合が見つかって**リコール**▼10がかかることはあるから、そういう情報チェックも必要だよ。身近な日用品でも事故は起きているから、気をつけないと。いわゆる「ヒヤリハット」ってヤツだな」

「「ヒヤリハット」って、どこかで聞いたことあるけど……」

「ヒヤッとしたりハッとするようなことが重なるのは、いずれ重大な事故につながるサインだってこと。逆に言うと、それをちゃんとメーカーに通知すればリコールや製品改善につながって、事故防止にもなるんだ」

「なるほどねえ。さすがに詳しいのね」

華子は少し夫を見なおす気になった。それを察したのか、一郎はさらに重ねて言う。

「まあ、オレのネットショッピングにも反省点はあるが、お前の「ネットリテラシー」にも、ちょっと問題あるとオレは思うぞ」

「なによ、「ネットリテラシー」って」

「インターネットを正しく利用できているか、ということだよ。たとえばおまえは最近、フェイスブックをやってるだろう。知っている人が見るんだからと油断して、わりと無防備に個人情報を書き込んだり、自分や家族の写真をアップしているみたいだけど、危険も多いんだぞ。**インターネット空間**▼11はいわば公道と同じだからな。どんな人間が見ているかわからない。それにおまえ、ウイルスをブロックするソフトなんかきちんと更新してるか？　オレが言うのもなんだが、ネットでものを買うときは、本当にセキュリティには気をつけないと。クレジットカードの情報なんか、どこから盗まれるかわからないんだから」

デジタル系に弱い華子は、夫の厳しい指摘に首をすくめる。

「**子どもたちのスマホとかパソコンの使い方**▼12にも気をつけないとな。最近は全国の中高生の八％がスマホやネット依存の疑いが濃いというデータもあるんだ。大介のオンラインゲームとか、どのぐらい使っているか、おまえ知ってるか？」

「私、そういうの苦手だからあまり注意を払っていなかったけど、考えたら怖いわね。アナタの言うとおり、知らないじゃ済まされない」

しんみり反省モードに入っていたところに、インターフォンが鳴った。

「鈴木一郎さんにお荷物でーす」

華子の中によみがえりかけていた夫への尊敬の念も、小包に印刷された「ソーラーＬＥＤ」の文字を見た瞬間に吹き飛んだ。

「ホントあなたって、お義母さんとそっくりよね！　同じようなものばかり買ってきて使わないで、ドングリを土に埋めては忘れるリスみたいに溜め込んで！」

「なんだと？　そういうおまえだって、最近国道沿いにできた大型ショッピングモールに日参して、洋服だの靴だの、同じようなものばっかり買ってくるじゃないか」

「なに言ってるの！　私が買ってくるのは家族のものばかりでしょ。私がいま着てるこのニットなんて、五年前に買ったものよ！」

再び危うく家庭内ヒヤリハットに発展しそうになった、そのときだった――。

消費行動で世界を変える！

「ストップ！　もう、お父さんもお母さんも、いい加減にしなよ」

間に入ったのは、中学三年生になる愛だ。

「だいたい二人とも延々とケンカしながらテレビは大音量で流しっぱなしだし、お父さんは書斎の電気とエアコンもつけたままだし。電気がどこから来ると思っているの。自然に湧いて出るわけじゃないんだよ？　東日本大震災の直後はあんなに**節電、節電**▼13て、私とお兄ちゃんに厳しく言ってたくせに、もう忘れちゃったわけ」

「いや、そりゃ、そうだけど……」

「お父さん、通販で買うなとは言わないけど、本当に欲しいモノに絞ったほうがいいよ。見て、書斎に積んである**包装紙と段ボール箱の山**▼14。あの部屋でお父さんが本を読んでるのなんて見たことないよ。あと、資源ごみの日に、毎回両手で持ち切れないほど段ボール出してるの、近所でウチだけだよ。どんだけ資源の無駄遣いに……」

「わかった！　わかったよ。お父さんが悪かったって。いま部屋の電気消してくるから」

愛はもともとシッカリものだったが、東日本大震災後に子どもも参加できるボランティアツアーで東北へ行ってからは、そこでさまざまなものを見聞したようで、さらに社会意識が高くなった。もともと娘に甘い一郎は、愛の正論に歯が立たず全面降伏である。

「愛にかかると、お父さんもかたなしね」

「それよりお母さん、今日は買いもの行く？　わたし、美術部で使う画材を買いに行きたいんだけど、もしこれからクルマで出るなら一緒に乗せてってほしいんだ」

「いいわよ。ちょうど夕飯の買いものしようと思っていたから。国道沿いのショッピングモールでもいい？　あそこに大きな文房具屋も入ってたでしょ」

「……うん。ま、いいけど」

二人はクルマでショッピングモールに出掛けることにした。クルマの中で、華子は娘に尋ねた。愛はずっと何かを考えているようだ。

「愛、モールじゃイヤなの？　他に行きたいお店があるなら、そっちに行くわよ」

「ううん、別にいいんだけど……。でも、夕飯の買いもの、お豆腐だけは近くの商店街の豆腐屋さんにしようよ。少し割高だけど、味が濃くって美味しいじゃん。納豆だって大粒で、プラスチックじゃない三角の上等な紙で包んであるしさ。ダメ？」

「いいわよ。スーパーで一度に買いものしたほうが楽だけど、愛があそこのお豆腐食べたいなら、そうしましょうか。あのお店、知り合いの農家から直接仕入れた**無農薬大豆を使っていて安心できる**▼15って、隣の山田さんも言っていたわね」

「あのね、この前まで商店街にあったお魚屋さん、売っているお魚が新鮮で美味しいって、前にお母さん言っていたでしょ。でも国道沿いに大きなショッピングモールとスーパーができて、安売り合戦とかしている間になくなっちゃったじゃない」

愛が話しているのは、近所の商店街のことだ。昔ながらの店舗が並んでいたが、今では半分ほどが閉店し、**シャッター商店街**▼16と化している。

「うーん、実際に買いにいってみると、スーパーも安いものばかりじゃないんだけどね。でも、一度に全部買えるから、どうしてもスーパーのほうに行っちゃう」

「あのお店のおばちゃん、お魚の名前とか料理の仕方とかも親切に教えてくれたし、小学生の頃、社会科の授業でお話を聞きに行った時なんか、どこで捕れた魚なのかとか、海の環境を守らないと**魚がいなくなっちゃう**▼17とか、そういうことも教えてくれたんだ。そういうお店がどんどんなくなっちゃう。だからせめて、お豆腐屋さんは長く続けてほしいな」

そんな話をしながら、二人はショッピングモールに着いた。ショッピングモールの中でも、愛は、棚からあふれんばかりの食料品を見ながら、**フードロス**[18]について本で知ったことを母に語って聞かせた。

「あなたってよく勉強してるのねえ。お母さん感心したわ」

「こんなの勉強じゃないよ。自分の毎日の生活に関わるんだから、普通のことだよ」

そういう意識をもって見ると、いつものように「安いから」「得だから」というだけでは、気軽にモノを買いものかごに入れられなくなる。

巨大なショッピングモールを歩き疲れた華子と愛は、買いものの途中でひと休みすることにした。華子が一階に入っている有名カフェのチェーン店に入ろうと言うと、愛が「もっといい店があるよ。ここからすぐのところにあるんだけど、あまり知られていないの。最近のお気に入りなの」と言う。

二人がたどりついたのは、ショッピングモールの裏にある小さなオーガニックカフェだった。入り口の看板下に、経営者も従業員も障がい者であることが柔らかい文章で説明書きされている。

メニューは少ないが、お菓子や軽食の材料は**地場産のもの**[19]ばかりで、生産者の名前やメッセージも表示されている。コーヒーは**フェアトレード**[20]の商品だとメニューに書いてある。

「おいしい！　懐かしい味がする」

地場産の有機栽培ニンジンで作ったキャロットケーキをほおばり、華子は目を見張った。

「ね、イケるでしょ」

レジ横には、手造りのかわいいキャンドルや布細工も手ごろな価格で売っている。障がいがある人のサービスはゆっくりだが、丁寧で心がこもっており、その空気に身を任せると、こちらの気持ちもゆったりとくつろいでくる。それに生き生きと働く従業員の表情を見ると、なんだか癒やされるような、勇気づけられるような、不思議な気持ちになってくるのだ。

華子は愛をあらためて見直した。このカフェも応援する気持ちで、ママ友とのランチやお茶に利用しよう、と思う。

「そうか、わかったわ」

「どうしたの？」

「今日はいろいろあって大変な一日だったけど、愛の言うとおり、けっきょく、すべてつながっているんだと思ったのよ」

詐欺被害に気をつけること。困ったことがあったらすぐに専門機関に相談すること。必要のないモノはなるべく買わないこと。ゴミを減らすこと。資源の無駄使いを減らすこと。インターネットとの付き合い方を考え直すこと。便利さを追い求め過ぎて失ったものの大切さに気づくこと。

……

これらはすべて、「消費者」であれば誰でも、今日から始められることだ。

華子は、コーヒーを飲み干しながら、愛に語りかけた。

「私たちの生活は、一日中「消費」を通して世の中とつながっているのね。それなのに、何も考えず無駄使いを続けていると、いつか地球も悲鳴を上げるわ。あと、悪質商法もいろいろあって怖いわね。お年寄りの被害が多いそうだから、お義母さんのとこには毎週寄らなくちゃ」

華子はそこまで話し、少し考え込んだ後、こう続けた。

「私たちが消費者としてしっかり考えて毎日行動することで、ひょっとしたら世界を変えることだってできるんじゃないかしら。そう、買いもので世界が変えられるってことじゃない!?」

「なるほど！　お母さん、すごい！」

愛にそう言われて、華子は学校の先生に誉められたような気分になった。もっと愛と話していたかったが、そろそろ帰らないと、夕ご飯の支度が遅れてしまう。大介もアルバイトから帰って来る頃だ。

「じゃ、そろそろ帰ろうか。商店街にお魚屋さんはなくなっちゃったけど、豆腐屋さんと、お肉屋さんにも寄ろう。たまにはいいお肉を買って、すき焼きにでもしましょう」

「わーい、やった！　じゃあ、夕飯のデザートは桃にヨーグルトかけたのが食べたい。八百屋さんにも寄ろうよ。あと、アイスクリームも食べたいな。コンビニに寄ってもいい？」

「あら。商店街じゃなくてもいいの？」

「いいの、あのアイスクリームだけはコンビニにしかないから特別なの！」

こんなところはまだまだ子どもだなと、華子は微笑《ほほえ》ましく思う。

二人はクルマに乗ると、近所の商店街で晩ご飯の材料を買い揃え、家族の待つ家に向かった。

第2章　鈴木さんファミリーが教えてくれた生活のヒント

第1章では、鈴木さんファミリーの一日を通して、私たち一人一人の「消費者」の身の回りにあるトラブルをみてきました。みなさんにも、心当たりがあるものが幾つもあったのではないでしょうか。

さて、鈴木さんファミリーでは、家族の話し合いを通じて、消費者は何を考えるべきなのか、いろいろなヒントに気づいたようです。

第2章では、鈴木さんファミリーが遭遇した二〇のテーマについて、それぞれ簡単に解説していきます。この解説を読むことで、日常生活にありがちなエピソードの一つ一つについて、どのような背景があるのか、どのようなことを知っておけばよいのか、どのように考えて行動したらよいのか、についてヒントが得られるようになっています。そして、その解説を読み進めることで「消費者市民社会」という考え方が身近なものになるはずです。

さあ、みなさんも、鈴木さんファミリーと一緒に、二〇のテーマについて考えてみてください。

▼1　振り込め詐欺

最近の消費者被害の代表的なものの一つが、特殊詐欺（振り込め詐欺等）です。二〇一五年の被害総額は、全国の警察が把握したものだけでも四七六億八一八六万円に達します。

今回、鈴木家のせつ子さんは間一髪で被害を免れましたが、特殊詐欺の被害者は約八割が六五歳以上の高齢者となっています。

特殊詐欺にはさまざまなパターンがありますが、特に高齢者が被害に遭う割合が高いのが、いわゆる「オレオレ詐欺」。孫や息子を装い、「事故を起こした」「大事なお金を落とした」など自分がトラブルに巻き込まれたことを口実に、「お金を工面してほしい」と被害者からお金を引き出す手法です。

そのほかにも、税務署や役場を騙《かた》って「税金が還付されるから、私の指示通りATMを操作してください」と嘘を言って被害者にお金を振り込ませる「還付金詐欺」、「あそこの未公開株や社債を買ったらどうですか。そのあとうちが高く買いますよ」等と儲け話をグルになって持ちかけて代金をだまし取る「劇場型詐欺」、「無担保の融資が受けられます。その代わり、事前に保証金を振り込む必要がある」等と嘘の話をもちかけて保証金を振り込ませる「融資保証金詐欺」、「あなたのマイナンバーが流出している。取り消し料を至急振り込んで欲しい」等とありもしない話をもちかける「マイナンバー詐欺」など、さまざまなバリエーションがこれまでに使われています。

以前は銀行口座を指定して被害者に金を振り込ませる手口が多かったのですが、最近は宅配便や郵便で現金を送らせたり、被害者の自宅へ行って現金を受け取る手口も増えています。

おかしいと思ったら、お金を渡す前に、まず周りの人や消費生活センター、警察署、弁護士など専門家に相談をすることが、被害を避けるための鉄則です。

▼2　SF商法、悪質商法

高齢者を狙っているのは振り込め詐欺だけではありません。せつ子さんが水や布団を大量に買わされてしまったのは、SF商法や催眠商法と呼ばれる、代表的な悪質商法のひとつ。閉めきった会場に人を集め、商品販売という目的を隠して無料で日用品を配ったり、巧みな話術で熱狂的な雰囲気を盛り上げ、買わないと損をするという心理状態にし、冷静な判断力を失った参加者に高額な商品を売りつけるという手法です。

また、訪問販売業者がひとり暮らしの高齢者に、布団、アクセサリー、着物、健康食品、リフォーム工事などの同じ商品を大量に売る「次々商法」というパターンもあります。

こうした詐欺、あるいは詐欺まがいの悪質商法では、同じ人が多くの業者から繰り返し狙われるパターンが多いのも特徴の一つです。悪徳業者が商品を売りつけやすい人を名簿化し、その情報を売買などを通じて共有していることがその背景にあります。

また、悪質商法の勧誘員がひとり暮らしのお年寄りなどに優しい言葉をかけてすっかり親しくなっていることもあり、そうすると、被害者自身がだまされたことに気づかなかったり、周囲の人に被害を隠したりすることもあるので、注意が必要です。悪質商法は「孤独」を狙います。ひとり暮らしのお年寄りには、普段から家族や身近な人ができるだけ頻繁にコミュニケーションをとることが悪質商法被害の予防につながります。

▼3　クーリング・オフ、消費生活センター

では、悪質商法に引っかかってしまったら、どうしたらいいのでしょうか。泣き寝入りは次の被害を生み出すことにつながります。消費者が積極的に対応することが、悪質商法をなくしていくためには欠かせません。

まず、必要のない商品を買ってしまった場合でも諦める必要はありません。こういうときに有効なのが、「クーリング・オフ」です。

クーリング・オフとは、一度は成立した契約であっても、一定の期間内であれば、それを解除することができるという制度のことです。クーリング・オフをする場合は、業者に対して通知をする必要がありますが、その手続きは消費生活センターに聞けば詳しく教えてくれます。近くの消費生活センターの連絡先が分からないときは、二〇一五年七月一日から消費者庁が始めた消費者ホットライン「188番(いやや)」に電話すれば教えてもらえます。

また消費生活センターでは、相談を無料で行なえるだけでなく、トラブルに巻き込まれた消費者が事業者と交渉するときに助言や援助、場合によっては事業者との調整もしてくれます(これを「あっせん」といいます)。

消費生活センターは、地域によっては「消費者センター」「県民生活センター」と呼ばれていることもありますが、各都道府県と市町村に設置され、消費者からの苦情相談の受け付け、悪質な事業者に対しての指導を行なうほか、市民向けの消費者教育、商品の計量検査なども行ない、

消費者の目線に立った幅広い活動をしています。

一般的に、クーリング・オフは契約書面などを受け取った日から八日間（契約の種類によっては二〇日間）を超えるとできないとされますが、場合によってはその期間を超えても可能な場合もありますので、まずはお近くの消費生活センターか「188番」に電話してみましょう。

▼4　ブラック企業（職場でのトラブル）

鈴木さんファミリーの大介君がアルバイトをしているコンビニエンスストアの労働条件は、どうやら法律に違反しているようです。従業員に過重であったり違法な条件のもとで働かせる企業を、最近では「ブラック企業」（非正規従業員の場合は「ブラックバイト」）ということがあります。

厚生労働省が二〇一五年に、大学生、大学院生、短大生を対象として、アルバイトに関する調査を実施しました。その結果、アルバイト経験があると回答した一〇〇〇人のうち六〇・五％に「残業代が支払われない」などのトラブルがあることがわかりました。

こうした職場に出会ってしまったら、ひるまずに全国各地に設置されている労働基準監督署を訪ねましょう。各地の労働基準監督署には、①給料や残業代を払ってもらえない、労働時間が長すぎる、何の理由もなく解雇されたなど、事業者に法律違反があると考えられるとき、②仕事中に事故や災害にあったために労災保険を請求したいと考えたとき、などに無料で相談できる窓口が設けられています。

また、労働基準監督署のほか、各都道府県の労働局などには総合相談コーナーもあり、法律違反に該当しない解雇や、職場でのいじめ、セクシャル・ハラスメントやパワー・ハラスメント、募集・採用条件と異なる仕事の強要などあらゆる労働問題について、専門の相談員が面談・電話で相談に応じてくれます。

職場の問題は一人で抱えこまずに、ぜひ相談をしましょう。その声がきっかけとなり、職場環境が改善されることにもつながります。

▼5　学生ローン（消費者金融）

収入のない学生でも、ゆるやかな要件を満たすだけで簡単にお金を借りることができる学生ローン。一見、使いやすい便利なサービスのようにも思えますが、学生ローンの金利は、実質年利一五〜一八%程度と、利息制限法で定められている金利のほぼ上限。銀行のカードローンなどと比べても高く設定されています。サラリーマンや主婦が利用する消費者金融（サラ金）と同じものと考えていいでしょう。

たとえば年利一五%で一〇万円を一カ月借りた場合、一カ月後に支払う利子は一二五〇円。一〇万円を借りて月々五〇〇〇円の返済という契約内容の場合は、初回の支払いでは五〇〇〇円のうちの一二五〇円が利子の支払いに充てられてしまいます。そのため五〇〇〇円の支払いをしたにもかかわらず、一〇万円の借入金は九万六二五〇円にしか減りません。月当たりの支払額が少ないと、支払いの大部分が利子の支払いに充てられてしまい、元金はなかなか減らず、完済するのが難しくなっていくことになります。

学生ローンに返済するお金が足りなくなってしまい、他の学生ローンやサラ金から借金を繰り返して、いつの間にか多重債務に陥ってしまう人が後を絶ちません。そのような人の中には、サラ金より高金利のヤミ金融(違法営業をしている貸金業者)に手を出してしまう人もいます。

高額の借金ではないし、月々の支払額は安いし、手続きも簡単と、安易な気持ちで利用すると大変なことになってしまいます。借り入れの仕組みを理解し、返済できる範囲を超えた借り入れはしないことが大切です。

▼6　ネットワーク・ビジネス

大介君の親友のゆうじ君が興味を持ち始めているというネットワーク・ビジネス。これは二人の友情を壊しかねない、大きなリスクのあるものです。

ネットワーク・ビジネスとは、たとえばAさんが販売員としてBさんを勧誘し、今度は誘われたBさんが販売員となってさらにCさんを勧誘、さらにCさんがDさんを勧誘……という形で、販売員を次々に拡大しながら商品を販売するビジネス形態を指します。

ネットワーク・ビジネスは、マルチ商法とも呼ばれます。これらは法律的には連鎖販売取引といい、特定商取引法という法律によって厳しい規制が設けられています。

販売員は、商品を売った利益のほかに、新たな人を勧誘して販売組織に加入させると報酬をもらえる仕組みになっています。しかし、この報酬を手にするには、あらかじめ販売組織に数十万円から数百万円の入会金を納めることが求められる場合もあります。組織に支払った入会金分を取り戻すため、販売員は必死になって友人や家族を勧誘し、商品を販売することになります。ほとんどの場合、思ったような利益は得られません。その一方で、友人や家族との関係が悪化したり、入会金を支払うために借りた借金が返せなくなったり、という事例が後を絶ちません。

ネットワーク・ビジネスは、結局のところ、組織の上部にいる一部の人たちだけが儲かる仕組みになっています。ですから、友人や家族の勧めだからといって安易に購入しないこと、勇気を出して断ること、それが最善の対策であることは言うまでもありません。

▼７　ＮＩＳＡ、子どもＮＩＳＡ

二〇一四年一月から開始されたＮＩＳＡ《ニーサ》。銀行で広告などを見たことのある人も多いと思います。ＮＩＳＡは「少額投資非課税制度」の略称。日本証券業協会のＣＭでは、「やったー、投資家デビュー！」とタレントが笑顔を振りまいていました。

ＮＩＳＡとは、簡単にいえば、年間一〇〇万円までの投資の利益が一定期間（五年間）は非課税になる「制度」のことで、「商品」ではありません。子どもＮＩＳＡ（ジュニアＮＩＳＡ）は、両親や祖父母が、子や孫の名義のＮＩＳＡ口座を使って投資する場合にも非課税となる場合を設けたものです。

「非課税」というフレーズのため、これまで投資に興味がなかった人たちまで投資を始めているようです。しかし、ＮＩＳＡを利用したからといって、購入した商品の値下がりのリスクが低くなったり、儲かる可能性が上がるわけではありません。

投資の複雑な仕組みや日々の動向を理解するのは非常に難しいものです。ですから、本来であれば投資は専門家が行なうものです。投資の専門家は、常に企業の経営状況に注意を払い、適切に資金が運用されているか、今後の市場の展望はどうかといった点を気にしています。日々の経済ニュースにくまなく目を通したり、決算書や株式総会を通じて会社の情報を細かく確認したりすることも求められます。判断を誤れば、多額の損失を被る可能性があるからです。

たとえＮＩＳＡや子どもＮＩＳＡという制度を利用したとしても、投資である以上は、預けたお金が目減りするリスクがあることには変わりありません。投資とは、定期預金のような確実な利益が見込まれる性質のものではないのです。

▼8　ターゲット広告

鈴木さんファミリーの一郎さんがついフラリと家電を購入してしまう裏には、インターネットを見れば必ずといっていいほど目にすることとなる「行動ターゲティング広告」(ターゲット広告)の影響があるようです。これは、ネット上の検索履歴、閲覧履歴、購入履歴などから、利用者の関心や興味を推測し、ターゲットを絞ってネットで広告の配信をするシステムのことです。追跡型広告ともいいます。

たとえば、検索サイトで「腕時計」と検索し、出てきた関連ページを閲覧したり、関連の商品を購入したりした人には、その後に訪れた他のサイトでも繰り返し腕時計についての広告が表示され、その人の購入意欲をかきたて、新たな商品の購入に誘導するという仕組みです。

会員制のサイトでは会員の購入履歴を利用して関心のありそうな商品を紹介しますし、会員制ではないサイトでも、携帯電話の個別識別情報などを用いて利用者の趣味嗜好の情報を集め、広告を配信しています。

自分の関心ある商品の情報を自動的に提供してもらい、パソコンのクリックひとつで商品を注文できることは確かに便利かもしれません。しかし、その裏には、個人のプライベートな情報が他者によって集約されて利用されているという面があり、さらに必要のないものまで購入してしまうという危険性も見逃せません。

インターネット上の広告システムはどんどん進化していますが、便利さの一方でどんなデメリットが潜んでいるのかを考え、サービスを提供する側の戦略を理解しながら冷静に消費をする姿勢が必要です。

▼9　取扱説明書

華子さんのように、商品を買っても、付属している取扱説明書を読まないという人は案外と多いのではないでしょうか。たとえばある企業の調査では、携帯電話の取扱説明書を「購入時に読む」と回答した人の割合は三割程度しかなかったそうです。

しかし、どんな扱い方をしても安全、という商品はありません。むしろ、リスクを完全に取り去ることはできないと考えられています。もちろん、製造や販売をする側が、最大限、安全に配慮して対策をとることは当然ですが、必要な対策をしたうえでも残るリスクについては、消費者

（使用者）に明示することで安全を確保することとしています。これが取扱説明書です。

つまり製品の安全は、メーカーや販売者と消費者が共同で実現するということにほかなりません。「当然、安全だろう」と他人任せになるのではなく、消費者が「自分も製品安全の一端を担っている」という意識で、取扱説明書に書かれているさまざまな注意書きを読み、その背後にある事故の可能性に思いをめぐらせることも、安全な社会を実現するために重要なのです。

▼10　リコール

「取扱説明書を読む」ことと同じように、「リコールの情報を知る」ということも、私たち消費者が安全を実現していくうえでは大事なことです。鈴木さんファミリーの一郎さんが言っている通りです。

リコールとは、いったん商品として市場に流通した後に欠陥や不具合が発見されたときに、メーカーなどによって行われる無償回収・修理のことです。

リコールがかかっていることを知らずに製品を使用しつづけると重大な事故にもつながりかねません。二〇一三年に長崎県で起きた介護施設での火災は、それ以前にリコールの対象となっていた加湿器が原因だった可能性が高いといわれています。

リコールの情報は消費者庁のリコール情報サイトや、自動車関連では国土交通省のサイトで確認することができます。しかしリコールされた製品の回収率は決して高くありません。メーカー側もリコール対象製品を追跡できるような仕組みを検討していますが、誰が購入したか、現在使用しているのは誰かということを完全に把握することは難しく、消費者の気づきに頼らざるを得ないのが現状です。

このように、リコールされるべき製品が発見されるきっかけの多くは、消費者からの情報です。事故が拡がることを防ぐうえでも、何らかの事故や不具合、ヒヤリハットを経験した場合は、その情報を事業者や行政機関に通知することも重要です。一郎さんも指摘しているように、こうした消費者からの情報提供がリコールや製品改善につながり、安全な社会の形成に参画することになります。その意味でも、消費者は安全を実現するキーパーソンとなりうるのです。

▼11　インターネットとプライバシー

フェイスブック、ツイッター、LINE《ライン》、インスタグラムなどのSNS（ソーシャル・ネットワーキング・サービス）の利用者は年々増えています。

日本のSNS利用者は六五〇〇万人に達すると言われています。二〇一五年には平均で月に三六万人が新たにSNSを利用しはじめており、二〇一七年には利用者数は七〇〇〇万人に近づくと見込まれています。七〇〇〇万人といえば、日本で自動車免許を保持している人の数とだいたい同じ規模となります。しかし、その普及に見合うほどにインターネットを使ううえで必要な知識が広まっているかといえば、そうとも言えないようです。

インターネットは全世界の人々とつながるパブリックな空間での情報流通です。また、一度流れてしまった情報は完全に消し去ることはできず、インターネット空間にいつまでも存在しつづけることになることも忘れてはいけません。

自分の氏名、住所、電話番号、勤務先、家族構成、財産などの個人情報をネット上で提供するということは、見しらぬ人だらけの外界に、自分をじかにさらけ出すことと同じなのです。

また、ウイルス感染などにより、知らないうちに情報が漏れてしまうことも。パスワードをかけても、パスワードの管理が甘ければ、やはり情報の漏えいは起こり得ます。カード情報などが漏れれば、深刻な事態が発生するケースもあるでしょう。

インターネットは便利で、自分の意見を公の場に発信できるという優れた面もありますが、プライバシーの侵害や個人情報漏えいの危険に常にさらされているという側面もあるのです。インターネットの特徴をうまく利用しながら、必要以上に自分の情報を出さないという、ネットリテラシーを身につけるのは急務です。

▼12　子どもとインターネット

鈴木さん夫妻は、子どもたちのインターネットの利用状況にあまり注意を払っていなかったようです。しかし「子どもとインターネット」の問題はさまざまな形で深刻になりつつあります。

スマートフォンの普及や携帯型ゲーム機に通信機能が搭載されたことなどで、子どもが一人で気軽にネットを利用できるようになりました。その結果、保護者の知らないうちに子どもがオンラインゲームの利用料金をクレジットカード等で決済をしてしまったという相談が増えています。オンラインゲームをしている最中はついつい欲しいアイテムを購入してしまうのですが、その都度代金を支払う訳ではないので、課金されている実感に乏しいのが特徴です。トラブルの発見も遅れがちで、その解決も簡単ではありません。だからこそ保護者はゲームの内容や課金の仕組みを理解し、それを子どもたちに教える必要があるのです。

インターネットは瞬時に多くの情報を集めたり、簡単な取引を可能にし、もはや私たちの日常生活には欠かせない必需品になりつつあります。しかしその半面、インターネット犯罪に子どもが巻き込まれたり、インターネットを媒体としたいじめがおきたり、ときには子どもが加害者になるケースまで出てきているのです。

食事のときも、風呂やトイレでも、スマホを手放せない子どもも増えています。厚生労働省の調査では、インターネット依存の疑いが強い中高生は全国に約五一万八〇〇〇人いると報告されました。

大人も子どもとともにインターネットが持っているマイナス面やリスクについて理解を深め、上手につきあっていくことが重要だといえるでしょう。

▼13　節電

二〇一一年三月一一日の東日本大震災の後しばらくの間は、多くの人が節電意識を持っていました。ところが、のどもと過ぎれば熱さ忘れる。鈴木さんファミリーの愛ちゃんのように、今でもその努力を続けている人は、もはや少数派になってしまっているのかもしれません。

しかし、電力の消費・節約は、社会の環境、将来の世代に大きな影響を及ぼすことを忘れてはなりません。

二〇一四年度の日本におけるエネルギー利用の割合は、石油四一％、石炭二五％、天然ガス二五％と火力がほとんどを占め、原子力〇％、再生可能エネルギー四％、水力五％となっています。しかし震災後ストップしていた原子力発電所の再稼働も始まり、この比率も今後また大きく変化していくでしょう。

東日本大震災と原発事故を受け、これまで主力だった水力、火力、原子力に加えて、太陽光、風力、波力、地熱、バイオマスなど、新しい再生可能な発電方法の事業化が進められています。

火力や原子力は資源を消費し、二酸化炭素や核廃棄物など、環境への大きな負担を生み続けます。一方で太陽光、風力、地熱などの自然を使った再生可能エネルギーは、基本的には一度設置すれば、新たに資源を使ったり、環境に負担をかける廃棄物を生じることはありません。

もし火力や原子力などの環境に負荷をかける発電法を利用し続けるなら、私たちはできる限り節電することで、環境への負荷を抑える必要があるでしょう。

送電に関しては、熱や電磁波によるエネルギー・ロスが重要です。発電所と消費地が近ければロスは少なくて済みます。たとえばドイツでは、地域ごとにバイオマス発電所を作ってロスを減らすと同時に、発電の際に生じる熱を利用したり、農林業の廃棄物処理を兼ねるなど工夫をしています。日本でも、こうした海外の例を参考にしていく必要があるでしょう。

日本ではオイルショック（一九七三年、一九七九年）の後、工業、農業、林業などで使う産業用エネルギー消費量の抑制は相当進んできて、ほぼ横ばいになっています。

しかしその一方で、物流や移動などのための運輸用と、一般家庭や電灯などの民生用は増加し続けています。だからこそ、私たち消費者に何ができるか、考えていくべきでしょう。

▼14 過剰包装

愛ちゃんが指摘したように、私たちが買うものは包装だらけ。日本に来た外国人が驚くことのひとつが、この過剰包装だといいます。

お菓子などの食品は小分けされたものが二重三重に包まれ、店ではさらにそれを箱やレジ袋、紙袋などに入れてくれます。通信販売では巨大な箱にポツンと小さな商品がひとつ、接着剤で固定されて届けられる。コンビニでは熱いものと冷たいものを分けて別々の袋に入れてくれる。こうしたことを私たちは、当たり前のように受け止めていないでしょうか。

包装は商品を保護するのが目的ですし、贈答用品に丁寧な飾りつけをするのは日本の文化でもあります。しかし、過剰な包装は資源や環境への負担にもなっているのです。

では消費者には何ができるでしょうか。たとえばマイバッグを持参する、なるべく包装の少ない商品を選ぶ、なども一つの方法です。包装紙をきれいに保管すれば、再利用することもできます。

またゴミ出しする際には、一人一人がきちんと分別すれば、廃棄物の再利用ができるようになったり、処分しやすくなって資源保護や環境保全に役立つでしょう。

収集された包装廃棄物はリサイクルが義務づけられているので、自治体は多額の税金を使って収集、運搬、選別、リサイクル、廃棄を行なっています。この負担を減らすことで、同時に社会貢献することにもつながるのです。

▼15　食の安全

食の安全ですぐに思い出すのはＢＳＥ（「狂牛病」）や残留農薬、食品添加物、食中毒などでしょう。また、最近では国内産食品の放射能汚染も深刻な問題です。一概に「風評被害」と言われることがありますが、風評ではない「実害」についてもまだ十分には解明されていないのが現状です。

このような特殊なケースだけでなく、日常生活の中でも食の安全はさまざまな形で脅かされています。たとえばスーパーの店先にならぶ見栄えのよい野菜や果物の多くは、農薬を使用して栽培されます。農薬の残留試験も行なわれていますが、流通しているすべての食品がチェックされているわけではありません。海外からの輸入食品には、実態がわからない農薬が残留しているおそれもあります。

また加工食品の製造過程では、味や色、香りをよくするために食品添加物が使われたり、保存料が使われたりしています。しかしすべての食品添加物について安全性が確認されているわけではありません。

遺伝子組み換え技術を利用して作られた食品も増えています。「市場に流通しているものは安全」と言われることもありますが、輸入される食品添加物に遺伝子組み換えのものが使われている場合まで安全性の審査が行なわれているわけではありません。

食卓に家族がそろった時にでも、自分たちが食べている食品がどのようにして作られているのか、どのような材料が使われているのか、といったことについて家族みなで話し合ってみてはどうでしょうか。

▼16 シャッター商店街

ある日突然、大型ショッピングセンターがやってきて、地域の個人商店が潰れ、シャッター商店街になる。これは鈴木さんファミリーの近所だけではなく、全国いたるところで起きている現象です。

かつて日本には中小小売店を保護する目的で、大型店の出店を規制する「大規模小売店舗法（大店法）」という法律がありました。しかし大店法は二〇〇〇年に廃止。それにともない大型店の出店が活発化するようになったのです。現在は一〇〇〇㎡以上の大型店舗が占める床面積は、日本のすべての小売店の床面積のうちの三分の二を占める一億㎡超になりました。

大型ショッピングセンターには、一度にいろいろな商品を買うことができるというメリットがあります。その一方で、地域の個人商店が閉店して高齢者が買いものをすることが困難になり「買いもの弱者」が生まれたり、地域経済が衰退したりするという問題も起こっているのです。

また、郊外型の大型店に行くため自動車の利用が増えると、ガソリンを消費して二酸化炭素などを排出することも増えるため、環境に負荷がかかるという側面もあります。

便利だからと大型店ばかり利用するのではなく、家の近くの商店で買いものをすることにも良い面があることを考えてみましょう。

▼17　持続可能性

華子さんが以前よく買いものをしていた商店街の魚屋さんは、良心的な商店だったようです。私たちが消費を続けるためには、生産を維持しなくてはなりません。たとえば漁業なら、クロマグロや日本うなぎなどが美味しいからといって、後先を考えずに獲りつくしてしまったら二度と食べることができなくなってしまいます。資源を守るためには、捕獲量の制限、産卵期の捕獲禁止、禁漁年を設けるなどして、消費を抑えることも必要です。また魚介類が産卵や繁殖できる環境を守ることも大切になってきます。

農業も同じです。たとえば森林を伐採して畑を増やせば、生態系を壊し、自然のサイクルが破壊され、作物が育たなくなる可能性もあります。生産性を持続するためには、人工肥料や農薬などで農地や環境に負荷をかけ過ぎないようにする、地下水のくみ上げ過ぎで水が枯渇しないように配慮する、その土地の土壌や気候風土にあった作物を作るために土壌や環境を守る、といったことが必要となってきます。

食べものだけに限りません。衣類やあらゆる工業製品も、原料を使いはたしてしまえば生産できなくなります。化学繊維の原料である石油も、紙の原料である森林も、すべて有限なのです。私たちは資源の生産、消費、廃棄、再生のサイクル（循環）を考えて、生産を維持できる消費手段を考える必要があるでしょう。

愛ちゃんのように、こうした持続可能性を考えて取り組む企業や店を応援することも、消費者が選択できる行動のひとつです。

▼18　フードロス

フードロスとは食べ残しや消費期限切れなどで、食べられたはずなのに廃棄される食品のこと。二〇一一年に国連食糧農業機関（ＦＡＯ）が発表した「世界の食料ロスと食料廃棄」に関する調査報告書によれば、フードロスの量は年間一三億トン。これは世界の食料生産量の三分の一にも及びます。

日本は食料自給率が低く、海外から多くの食料を輸入しています。それなのに日本では年間五〇〇万～八〇〇万トンものフードロスが出ているのです。家庭から廃棄される食料だけでも、二〇〇万～四〇〇万トン。この量は世界の食料援助量三九〇万トンを大きく上回り、日本人一人が毎日おにぎりを一～二個捨てている計算となります。

家庭から出される生ゴミの中には、手つかずの食品が二割もあり、さらにそのうち四分の一は賞味期限前のもの。調理の際の野菜の皮剝きや肉の脂身の取り除きなど、食べられる部分を過剰に捨てていることも、食品ロスの原因になっています。

なお「賞味期限」は長期間保存できる食品に表示されている「美味しく食べられる期限」であり、それを過ぎてもすぐ食べられなくなるわけではありません。その期限内に食べる必要がある

「消費期限」とは違うので注意してください。

必要なときに必要な量だけ買って調理する。外食のときは注文し過ぎないようにする。食べられない食材を除いてもらうなど、消費者としてフードロスを減らすことができる工夫はいろいろあるはずです。

▼19　地産地消

愛ちゃんお気に入りのカフェは、障がい者の雇用や材料の地産地消など、収益だけではなく地域の活性化も視野に入れているようです。

地産地消とは文字通り、地域で生産されたものをその地域で消費すること。これには大きくわけて四つのメリットがあります。①消費者は新鮮で安心な食材を買うことができる。②生産者にとっては、輸送コストの削減や安定した経営につながる。③環境面では、輸送距離が短いのでそのぶん二酸化炭素などの排出量が少なくて済む。④経済面では地域社会が潤う。

こうしたさまざまな利点があることから、特に東日本大震災を機に地産地消に興味を持ち、実際に取り組む消費者が増えたといわれています。

ところで、日本では地産地消というと農水産物に限定して語られがちです。しかしアメリカでは「バイ・ローカル(buy local)」「ショップ・ローカル(shop local)」、つまり地元で買おうという言葉があり、衣服なども含めてより幅広い商品に関して、地域のお店で買うことが重視されています。「地域でお金をまわす」という観点で消費をすることで、消費者は地域経済を発展させる大きな力にもなれるのです。

▼20　フェアトレード

最近ようやく、フェアトレード製品という言葉も一般に定着しつつあるようです。かつては専門店でなければ手に入りにくかったフェアトレード商品も、だんだん普通のスーパーなどで購入できるようになってきました。華子さんと愛ちゃんが入ったカフェのコーヒーもフェアトレードでした。

フェアトレードとは、公平な条件下で国際貿易を行なうことをめざす貿易パートナーシップのこと。主として発展途上国の弱い立場にある生産者や労働者に対し、よりよい貿易条件を提供し、かつ彼らの権利や生活を守ることにより、持続可能な社会づくりに貢献することを目標としています。

フェアトレード商品はフェアトレード団体によって、経済・社会・環境に配慮した生産と取引がなされているかの基準に基づいたチェックを受け、合格すると承認ラベルを商品に貼ることができます。

基準の中でも重要なものは、輸入・卸売業者が生産者に対して最低価格を保証するとともに、一定の上乗せ代金を支払うこと。これによって生産者や労働者の生活が安定し、インフラの整備や教育・衣料の普及による生活の向上が図られることになるのです。

しかし一方で、ラベルの承認を受けるには複雑な手続きや費用が必要なため、小規模団体や手工芸品などは取得が難しいという問題点も存在します。ラベルにとらわれず、生産者・労働者の視点で商品をチェックする消費者の目も求められています。

第3章　消費者市民社会ってなに？

消費者教育推進法

第1章、第2章を通じて、私たちは鈴木さんファミリーと一緒に、日常生活に潜んでいるさまざまなトラブルを体験したり、私たち一人一人の消費（たとえば買いもの）が及ぼす影響の大きさを見てきました。二〇のヒントを手に入れたと言ってもよいでしょう。

さて、実はここに出てきた一つ一つのヒントのバックグラウンドには、消費者市民社会という考え方が存在しています。

では、この消費者市民社会とは何なのでしょうか。

二〇一二年の八月に、「消費者教育推進法」（正式には「消費者教育の推進に関する法律」といいます）という法律が公布され、この年の一二月に施行されました。

この法律は消費者市民社会について、次のように定義しています。

（消費者市民社会とは）消費者が、個々の消費者の特性及び消費生活の多様性を相互に尊重しつつ、自らの消費生活に関する行動が現在及び将来の世代にわたって内外の社会経済情勢及び地球環境に影響を及ぼし得るものであることを自覚して、公正かつ持続可能な社会の形成に積極的に参画

する社会（第二条）

どうでしょうか。法律の条文のままだと少しわかりにくいかもしれません。そこで「消費者市民社会」を理解するために、①現代の消費社会が抱える問題点、②それを解決するために消費者にできること、③消費者市民社会の実現の可能性、という三つの視点から考えてみることにしましょう。

現代の消費社会が抱えている問題点

現代の消費社会が抱えている問題点として、ここでは、消費者被害の問題と経済のグローバル化が生み出す問題を紹介します。

消費者被害

消費者被害の一つめの特徴として、相談件数が増加していることがあげられます。

国民生活センターによれば、消費生活相談の件数は、一九八四年度には四・九万件でしたが、次第に件数が増加し、二〇〇〇年度には五〇万件を超え、その後も件数は増加の一途をたどり、架空請求が社会問題化した二〇〇四年度は約一九二万件にまで増加しました。

二〇〇五年度以降は、架空請求への対策もあって減少傾向にありましたが、二〇一三年度は九三・五万件（前年度は約八六万件）と九年ぶりに増加となり、二〇一四年度においても九四・四万件と、前年度を上回る相談が寄せられ、二年連続して増加しています(『消費生活年報 二〇一四』国民生活センター編)。

消費者被害の二つめの特徴として、近年、未公開株詐欺や劇場型詐欺などの各種投資詐欺、さまざまな形態のマルチ取引、ワンクリック詐欺やフィッシング詐欺などのインターネットを通じた詐欺など、多様化、複雑化していることがあげられます。

国民生活センターによれば、マルチ取引に関する二〇代の相談割合が全年齢層の三〇・一%を占め、通信サービス等に関する二〇歳未満の相談割合が全相談件数の七五・七%を占めています。このように、マルチ取引やインターネット取引による被害が若い世代を中心に広まっていることが分かります(同前)。

消費者被害の三つめの特徴として、被害者が高齢化していることがあげられます。高齢者の中には、判断能力が衰えていたり、身の回りに守ってくれる家族や相談相手がいないなど、一人では解決できない状況になる人も少なくありません。

二〇一四年の警視庁の調査によれば、オレオレ詐欺など特殊詐欺被害の合計二三一一件について、被害者の年齢ごとにみると、六〇代が三〇二件、七〇代が一〇四七件、八〇代が七三四件、九〇代が三四件となっています。

このように、六〇代以上の被害が、実に全体の九一・六%を占めています。高齢化が進む日本で、高齢者の被害が増えていることは深刻な問題です。

最後に、消費者被害がもたらす経済的損失の大きさをみてみましょう。

二〇〇八年版の国民生活白書によれば、二〇〇七年度の消費者被害による経済的損失は、最大推計で三兆四〇〇〇億円、最小推計で一兆八七〇六億円でした。

それが、二〇一四年版の消費者白書によれば、二〇一三年の消費者被害・トラブル額は、約六兆円という額にまで増えてしまいました。六兆円というと、国内総生産（GDP）の約一・二％、家計支出の約二・一％に相当します。また、件数から見ると、国民の一三人に一人が一年間に何らかの消費者被害に遭っていることになります。平均被害・トラブル額（信用供与を含む既支払額）は約五九万円、国民一人当たりでいうと約四・七万円という深刻なものとなっています。

子どもからお年寄りまで、誰もが安心して暮らせる社会にするためには、消費者被害の問題を、被害に遭う「個人」だけの問題とせず、みんなで支え合って消費者被害のない「社会」を作るという視点が必要です。

グローバル化が生み出す問題点

また、大量生産・大量消費や、経済のグローバル化が生み出す問題も見逃せません。経済のグローバル化が進んだため、私たちはいま、さまざまな国の資源や労働力を使って作られた商品を当たり前のように消費しています。以前は数千円したジーンズが、最近は一〇〇〇円以下のものもあるなど、値段の幅も広がりました。しかし安価な商品の中には、ひどい労働条件等により労働者の健康被害を引き起こしているものや、児童労働など過酷な搾取《さくしゅ》によって、安い価格が維持されているものもあります。

アメリカで経済のグローバル化が急速に進む前の一九九〇年と、二〇一二年とを比較すると、衣服の国内製品のシェアは五〇%から二%に激減する一方で、アメリカ人一人が一年に買う衣服と靴の量は約二倍に増えたといいます。[*1] グローバル化が進んだ結果、国内の産業が衰退し、消費者は必要でないモノまで購入するようになったことが伺われます。私たちの目の前に豊かに並んだ商品の裏には、どのような物語や背景があるのか。ときには少し立ち止まって想像することが必要ではないでしょうか。

買いものの方法も大きく変わりました。かつては近所の商店街や百貨店での買いものが主流だったのですが、大型量販店や大型ショッピングセンターの利用、さらにはインターネット等による通信販売と、買う場所や手段も多様化しています。選択の幅が広がり、安くて便利に買いものができることは、消費者にとってのメリットに違いありません。しかしその半面、便利だからとついつい買いすぎてしまうために大量消費・大量廃棄に伴う資源の無駄や環境問題が起こっています。また、商店街の衰退による「買いもの弱者」の発生も無視できません。経済産業省の報告によれば、買いものに不便を感じている六〇歳以上の高齢者は推計で約六〇〇万人に上るといわれています。[*2] 一見便利なはずのインターネット社会ですが、パソコンが使えない高齢者にとっては、逆に不便をもたらしているのです。

お金やものが世界規模で自由に移動できる社会の中では、さまざまなものが一カ所に集中してしまいがちです。そんな中で地域経済を発展させるには、消費者の協力が不可欠となっています。

そこで、国際的にも、次のページで紹介するように、消費者が「持続可能な社会」をめざす動きが見られるようになりました。これまでどおりの大量消費と大量廃棄を繰り返す社会では「持続することは不可能」という考えから、そのようなあり方を反省して「持続可能な社会」をめざそうという考え方が国際的に登場し、日本も「消費者市民社会」の中に取り入れたのです。

持続可能な社会への国際的な取り組み

①国連環境と開発に関する世界委員会［ブルントラント委員会］

1987年の国連「環境と開発に関する世界委員会」(委員長：ブルントラント・ノルウェー首相〔当時〕)が，「将来の世代の欲求を満たしつつ，現在の世代の欲求も満足させるような開発」のことを「持続可能な開発」としました．これは，環境と開発を互いに反するものではなく共存し得るものとしてとらえ，環境保全を考慮した節度ある開発が重要と考えるものです．

②国連環境開発会議「アジェンダ21」

1992年にブラジルのリオデジャネイロで開催された国連環境開発会議(地球サミット)は，「アジェンダ21」という行動計画の中で，先進諸国の消費者が大量の資源を消費し，多数の発展途上国の人々が日常生活に必要なものすら手に入れられないという，持続可能性のない消費のあり方を転換することを求め，そのための教育と啓発を，各国に呼びかけました．

③持続可能な開発に関する世界首脳会議

1992年の地球サミット同様の呼びかけは，2002年に南アフリカのヨハネスブルクで開催された「持続可能な開発に関する世界首脳会議」でも繰り返されました．

④国連「持続可能な発展のための教育の10年」

2005年には，日本政府の提案に基づいて，国連「持続可能な発展のための教育の10年」がスタートしました．なお，2014年には日本(名古屋市，岡山市)で最終会議が開催されました．

⑤首脳会議「マラケシュ・タスクフォース」

2008年に，ヨハネスブルク首脳会議に基づいて結成された「マラケシュ・タスクフォース」が，持続発展教育(ESC；Education for Sustainable Development)カリキュラムのガイドラインを発表しました．

⑥経済協力開発機構「消費者教育政策勧告」

2009年，経済協力開発機構(OECD)が発表した「消費者教育政策勧告」には，複雑化した市場の中で活動する消費者にはより広範な技能と知識が必要であることや，消費者教育は批判的思考を身につけたり意識を高めたりするのに役立ち積極的に行動することを可能にする，持続可能な消費とデジタル能力教育を重視すること等が謳われています．

私たち消費者にできること

ここまで、現代の消費社会が抱える問題点として、消費者被害の問題とグローバル化が生み出す問題をみてきました。二つともとても大きな問題です。そこで、私たち消費者にできることはあるのでしょうか。

消費者被害のない社会をめざして

「消費者市民社会」とは、消費者一人一人の日々の消費活動が世の中全体に影響を及ぼすことを出発点とします。ですから、「個人」が消費者被害に遭わないというだけでなく、「社会」全体からいかにして悲惨な消費者被害をなくしていくか、という視点をもってみるということです。

消費者被害のない「社会」を作るためには、ひとり暮らしのお年寄りなど被害に遭いやすい人たちをサポートする「見守り」活動を社会全体に広げることも重要です。その際、お年寄りの中にも環境や社会をよくしようとして行動する人たちや、そうしたいと願いながら行動できていない人たちもいますから、一緒に活動するというのもひとつのアイデアでしょう。また単に被害防止だけでなく、同時にリサイクルの活動や環境に優しい生活の工夫を学び合う活動にも取り組めば、より効果的で継続的な活動につながります。

万が一、実際に被害に遭ったり、怪しげな商法に遭遇したときには、各地の消費生活センターや弁護士会等の相談機関に積極的に相談してください。そうすることで、消費者行政が活性化し、消費者被害のない社会を作ること（まちづくり）につながります。

持続可能な社会をめざして

買いものは、私たちがどのような商品を支持したかを表明する、いわば「投票」と位置づけることもできます。

私たちは、自分の消費行動が、環境や経済、社会にどのような影響を与えるかを考える必要があるのではないでしょうか。「買いものという投票を通じて、社会にとって望ましい選択をする」と考えてみてはどうでしょう。

商品を購入する際にカーボンフットプリント（商品の一生［生産、使用、廃棄］を通して排出される二酸化炭素を数値化したもの）などの環境負荷を考えたり、[*3] フェアトレードやオーガニック商品を選んだり、地域にお金が回るかどうかを意識しながら地産地消等に取り組む。スーパーやコンビニエンスストアでものを買うときにレジ袋を断る。広告と商品が大きく異なる場合やしつこくて不快な勧誘を受けたときには「一言カード」や事業者のホームページの問い合わせページを利用して意見を述べたり、行政機関に相談したりすることもできます。

小さなことでもまず行動することを、一人一人が日頃から心がけてほしいのです。

買いもので世界は変えられる――消費者市民社会の実現の可能性

国民生活センターの調査によれば、自分の消費行動で世界が変わると考える消費者は全体の約六割。しかも東日本大震災後には、「実際に社会をよくするための消費行動に取り組んでいる」

と答えた人も六割を超えています。[*4]

「人生で大切にしたいことは何か」という問いに対して、日本人の答えで最も多かったのが「環境に配慮する」で八七・二%、次が「人の役に立つ」で八四・三%というアンケート結果もあります。[*5] 消費者市民の「ＤＮＡ」は、実は私たち日本人の中にもしっかり組み込まれているのです。

問題は、一人で考え行動するだけでは、行動の勇気もわかないし、長続きもしないということ。やる気を持続させるためには、人とのつながりが不可欠です。消費者団体や環境団体、持続可能な発展のための教育（Education for Sustainable Development、ＥＳＤといいます）に取り組むＥＳＤ団体などに参加したり、あるいはソーシャルメディア等と通じてつながりを持ちながら、買いものが持っている影響力や可能性についてのヒントや成功体験を共有していくことが大切です。

個人の家計消費がＧＤＰに占める割合は、約六割。つまり、消費者の行動次第で、社会のあり方は大きく変わるということです。これまで述べてきたように消費者にできる行動はいろいろあり、そうした行動にみんなで取り組むことで、消費者は経済や社会を動かす心臓の役割を果たすことができます。毎日の何気ない消費行動（買いもの）には実は大きな影響力と可能性があるのです。そうです、私たちは買いもので世界を変えることができるのです。

＊1　Elizabeth L. Cline "Overdressed? The Shockingly High Cost of Cheap Fashion" Penguin 2012).

＊2　経済産業省「地域生活インフラを支える流通のあり方研究会報告書」。

＊3　カーボンフットプリントは、商品のみならず、より広く企業等の組織や個人の活動の際に排出される二酸化炭素の数値化を指す場合もあります。
＊4　二〇一三年三月、国民生活センター第四〇回消費生活動向調査。
＊5　電通総研「世界主要国価値観データブック」(二〇〇八年)。

第4章　消費者教育推進法とは

「消費者市民社会」を実現するために定められたのが、消費者教育推進法です。この法律ではどのようなことを定めているのでしょうか。

消費者教育を受ける権利

消費者教育推進法の第一条は「消費者教育の機会が提供されることが消費者の権利である」と明記しています。とても短い文章ですが、実はこれはたいへん注目に値することなのです。

これまでも、消費者基本法という法律が、第二条第一項で「消費者に対し必要な情報及び教育の機会が提供され(中略)ることが消費者の権利であることを尊重する」と定めていましたので、一見すると同じように見えます。

しかし、消費者基本法は、あくまでも消費者の利益を保護するための基本となる法律で(「消費者のための憲法」とも言うべきものです)、消費者教育だけを扱う法律ではありません。そのため、消費者教育に関しては、第一七条の第一項で「国は、消費者の自立を支援するため、消費生活に関する知識の普及及び情報の提供等消費者に対する啓発活動を推進するとともに、消費者が生涯にわたって消費生活について学習する機会があまねく求められている状況に鑑《かんが》み、学校、地域、家庭、職域その他の様々な場を通じて消費生活に関する教育を充実する等必要な施策を講ずるものとする」、同じく第二項で「地方公共団体は、前項の国の施策に準じて、当該地域の社会的、経済的状況に応じた施策を講ずるよう努めなければならない」という条文を置いただけでした。

このような書き方だと、私たち国民は、国や地方公共団体が消費者教育のために何をやってくれるのかがはっきりしません。そこで、消費者教育推進法では、消費者教育を受ける権利が国民の権利であることをあらためて確認するとともに、私たち国民が、国や地方公共団体に対して、消費者教育を受けるために具体的に何を要求することができるかを定めたのです。

このように、消費者教育推進法が、消費者基本法をより具体的にしたおかげで、消費者教育は大きく前進したと言えます。

基本理念

消費者教育推進法は第三条で「基本理念」を定めています。ここでは、消費者教育を実施するにあたって気をつけるべき点をいくつかあげており、どれも重要なのですが、主なものを見ていきましょう。

まず、なんと言っても、消費者教育が「消費者市民社会」の実現をめざして行なわれると明言されていることが重要です(第二項)。消費者市民社会をめざすということは、言い換えれば、消費者被害のない社会と持続可能な社会の両方をめざすことですから、そのどちらか一方だけでは足りません。

消費者教育が学校教育だけでなく「幼児期から高齢期までの各段階に応じて体系的に」行なわ

れる必要があることも定めています(第三項)。教育というと、みなさんは学校教育の場面を想定するかも知れませんが、生涯学習という言葉があるように、学習する喜びは年齢や場所を問わず得られるものです。特に、消費者被害は高齢者が被害者の中心となっていますから、学校教育だけでは不十分なことが分かるでしょう。鈴木さんファミリーの一郎さん、華子さん、せつ子さんも消費者教育を受けることができるのです。

消費者教育を行なうにあたっては、学校、地域、家庭、職域その他のさまざまな場における消費者教育を推進する多様な主体の「連携」、および他の消費者政策との有機的な「連携」を確保するべきであることも定められました(第四項)。よく「縦割り行政」と言われるように、行政機関は横の連携を取ることが苦手です。しかし、法律が連携することを求めているのですから無視はできません。これからは、学校で地域のお年寄りや主婦を対象とした講座が開かれたりするのではないでしょうか。愛ちゃんが通う中学校で消費者のための講座が開かれれば、華子さんやせつ子さんも参加しやすいですよね。

消費者教育に関する施策を講ずるに当たっては、環境教育、食育、国際理解教育その他の消費生活に関連する教育に関する施策との有機的な「連携」が図られるべきであることも定められました(第七項)。「消費者市民社会」は持続可能な社会をめざすものですが、そのためには、環境や食物について学習する必要がありますし、地球規模の議論をするためには諸外国のことを理解することも必要になってきます。消費者教育は、非常に大きな可能性を秘めているということではないでしょうか。

なお、消費者教育は災害時においても消費者が合理的に行動することができるように行なうことも定められました(第六項)。これは東日本大震災のときに見られた、いわゆる「買い占め」を念頭に置いた規定ですが、当然のことながら、「買い占め」は消費者教育だけで無くせるものではなく、政府が適切な情報提供をすることで消費者の不安を解消することが先決だという指摘もあるところです。

消費者教育を推進する主体

消費者教育推進法第三条第四項(基本理念)は、消費者教育は、学校、地域、家庭、職域その他のさまざまな場における消費者教育を推進する多様な主体の「連携」を確保しつつ効果的に行われなければならないものとしています。

消費者を教育する主体は、最終的には一人一人の市民ということになるのでしょうが、消費者教育推進法は、①国、②地方公共団体、③消費者団体、④事業者・事業者団体、⑤独立行政法人国民生活センターを消費者教育推進の主体として例示的に列挙し、それぞれに、消費者教育を行なうにあたって義務を課しています。

誰がどのような義務を負っているのかについては、次のページの表【消費者教育推進法の担い手】を参照してください。

消費者教育推進法の担い手

		消費者	国	地方公共団体	消費者団体	事業者・事業者団体	国民生活センター
1条	消費者教育の機会が提供されること	権利					
4条	消費者教育の推進に関する総合的な施策の策定，実施		責務				
5条	消費者教育の推進に関する総合的な施策の策定，実施(消費生活センター，教育委員会等との連携)			責務			
6条	消費者教育の推進のための自主的な活動，学校等の消費者教育への協力				努力義務		
7条	国及び地方公共団体の施策への協力，自主的活動					努力義務	
8条	財政上の措置		義務	努力義務			
9条	基本方針の策定		義務				
10条	(基本方針を踏まえて)都道府県・市町村消費者教育推進計画の策定			努力義務			
11条	学校における消費者教育の推進		義務	義務			
12条	大学における消費者教育の推進		義務	義務			
13条	地域(高齢者，障害者)における消費者教育の推進(民生委員，社会福祉主事，介護福祉士などの研修等)		義務	義務			義務
14条	消費生活に関する知識の提供，従業者の研修，資金に提供等					努力義務	
15条	教材の開発		努力義務	努力義務			
16条	人材の育成等		義務	義務			義務
17条	調査研究		努力義務	努力義務			
18条	情報の収集，提供		努力義務	努力義務			
19条	消費者教育推進会議の設置		義務				
20条	消費者教育推進地域協議会の設置			努力義務			

第５章　気をつけてほしいこと

ここまで「消費者市民社会」と「消費者教育推進法」について理解を深めてきました。しかし、いくつか気をつけてほしい点があります。鈴木さんファミリーと一緒にみてきた二〇のヒントだけでは気づくことができない問題ですが、せっかくですから、このような問題もあることも知ってほしいのです。

自己責任が強調されるのではないか

「消費者市民社会が実現されると消費者の「自己責任」が強調されて保護が不十分になるのではないか」と質問されることがありますが、それは誤りです。

確かに、「消費者市民社会」は、個々の消費者や生活者が自らの消費行動を通して、社会の発展と改善に積極的に参画する社会ですから、「消費者の権利」だけでなく「消費者の責任」も前提となります。しかし、ここでいう「消費者の責任」は、消費者被害には消費者にも落ち度があるのだから消費者もある程度はその被害を引き受けるべきだという、いわゆる消費者の「自己責任」とはまったく異なるものです。

消費者の権利と責任については、国際消費者機構（ＣＩ）が掲げる「八つの権利と五つの責任」が有名です。

「消費者の権利」の内容は、①生活のニーズが保障される権利、②安全である権利、③知らされる権利、④選ぶ権利、⑤意見を聴いてもらう権利、⑥補償を受ける権利、⑦消費者教育を受ける権利、⑧健全な環境の中で働き生活する権利、とされています。

一方、「消費者の責任」は、①批判的意識を持つ責任、②主張し行動する責任、③社会的弱者への配慮責任、④環境への配慮責任、⑤連帯する責任、となっています。

これらは消費者の権利の実現と表裏一体としての「責任」であって、消費者市民社会の実現のために必要な消費者の態度です。したがって、消費者の権利を制限しようとするいわゆる「自己責任」とは無関係なものです。

十分な消費者教育が実施され、消費者市民社会が実現されたとしても、一人一人の消費者と事業者の間にある情報や交渉力などの格差は依然として存在します。また、どんなに消費者教育を受けてもその効果を十分得ることができない人も少なからず存在します。したがって、「消費者市民社会」が実現されても、消費者保護のための十分な施策が必要なことはこれまでと変わりません。消費者教育と消費者保護は「車の両輪」として必ず両方とも機能する必要があるのです。病気で言えば予防と治療のような関係ですから、両方とも必要なのです

ですから、個々の紛争の場面で消費者の「自己責任」が強調されることはあってはならないことです。たとえば、悪質商法による消費者の取引被害について事業者に損害賠償請求をする場合に、消費者側の落ち度をことさらに指摘して、賠償額を減額する「過失相殺《そうさい》」などはこの「自己責任」の典型ですが、安易な「過失相殺」は、十分な被害回復にならないだけでなく、事業者に

反省の機会を与えないこととなり、悪質商法の根絶につながりません。
むしろ、「自己責任」が強調され消費者の権利が制限されることのないように、ＣＩが掲げた「消費者の責任」を果たして消費者の権利を実現しようというのが「消費者市民社会」なのです。

消費者被害の防止につながるのか

このブックレットを読んできたみなさんならもうお分かりでしょうが、消費者市民社会とは、消費者被害のない社会をめざすものです。このことを、三つの視点から説明しようと思います。

第一に、消費者市民社会をめざすことは、被害に遭いにくい消費者を育てることにつながります。消費者市民社会をめざす教育には、批判的精神(critical thinking)を鍛える教育が含まれます。そのため、消費者庁の発表した「消費者教育体系イメージマップ」でも、「消費生活情報に対する批判的思考力」を育成することが掲げられています。「批判的思考力」とは、勧誘や広告を鵜《う》呑《の》みにしないことです。

欧米では日本よりも消費者教育の研究が進んでいますが、ヨーロッパ消費者教育者ネットワークという機関は、「消費者市民とは、倫理、社会、経済、環境面における考慮を行った上で選択を行う個人である。消費者市民は家族、国家、地球規模で思いやりと責任を持って行動を行うことで、公正で持続可能な発展の維持に積極的に貢献する」と定義しています[†1]。ここでは、消費者が「選択」をする際にはさまざまな観点から「考慮」することが求められています。

私たち消費者の一人一人がしっかりと「批判的思考」や「考慮」をすることができれば、自ずと消費者被害には遭わなくなるでしょう。

第二に、消費者市民社会をめざすことは、加害者を生み出さないことにつながります。当たり前のことですが、加害者になってしまう人も、日常生活の場面では、消費者なのです。ですから、加害者となってしまう人も、消費者として「家族、国家、地球規模で思いやりと責任を持って行動を行う」ことを学ぶ機会を得ることになります。このような「思いやりと責任」について理解することができるようになれば、お年寄りをだましてお金を奪い取ることには大きな抵抗感が生まれるはずです。

第三に、消費者市民社会をめざすことは、被害を防ぐまちづくりにつながります。消費者市民社会をめざす教育は、学校だけでなく地域や事業者においてもなされます。消費者に有益な情報が世代を越えて共有され、行政への働きかけが盛んになり、見守りが行き届いた社会を作ることができます。

今日、日本ではひとり暮らしの高齢者が増えています。消費者被害を防ぐためには、身近なところに相談相手がいる必要がありますが、そのためには普段からコミュニケーションが取れる環境が整っていることが大切です。日常的な教育の機会を通じて、子どもや高齢者を見守るための連携が進めば、消費者被害に強いまちづくりにつながります。[†2]

事業者の関与が求められていること

消費者教育推進法は、商品を買う消費者だけでなく、商品を売る事業者にも消費者教育を担ってもらうことを期待しています(第七条、第一四条)。

事業者は「お客様相談室」等を設けて消費者の声に真摯に耳を傾け、その声を参考にしながら、商品やサービスの提供をすることができます。たとえば、「包装紙が多すぎる!」という消費者の声が大きくなれば、簡素な包装に切り替えるお店も出てくるでしょう。事業者は、消費者の声を反映することで、公正でかつ持続可能な社会の形成に参画することができるのです。[†3]

また、社会に出てから学びの場の少ない従業員に対し、事業者が研修を実施したり、講習会を受講させることで、消費社会に関する知識及び理解を深めるようにすることもできます。たとえば、新入社員向けに、契約のルールや生活設計等にかかわる社会人としての基礎知識等、あるいは、定年退職後の生活設計情報や注意すべき消費者トラブル事例情報などを提供することが考えられます。また、環境保護の活動への参加を促すことも、消費者市民社会の実現につながるでしょう。

ところで、消費者と事業者とは相反するものだと考えている方はいませんか。確かに、両者は売り主と買い主という関係にありますが、けっして敵対するものではありません。よい商品を買うこと、よい商品を売ることは両立するのです。消費者教育が充実することは、適切な商品を扱う事業者にとっては何も困ることではありません。

消費者市民社会が広まれば、消費者一人一人が、フェアトレード商品を扱っている企業、環境問題に積極的に取り組んでいる企業などを積極的に評価し、そのような企業が製造・販売する商品の購入を選択するようになるはずです。そうすれば、めぐりめぐって、消費者市民社会の実現に積極的に取り組んでいる企業が利益を上げることにつながるのです。

消費者教育推進法では、事業者は消費者教育と無縁な存在とはされてはいません。むしろ積極的な役割が期待されていることをぜひ知っておいてください。

†1 『NICE-MAIL No. 21, 2004』(ヨーロッパ消費者教育者ネットワーク〔European Network of Consumer Educators〕発行) 11頁「消費者市民権を発展させるためのプロジェクトについての「熟考、責任、奉仕」と題する論考」。

A consumer citizen is an individual who makes choices based on ethical, social, economic and ecological considerations. The consumer citizen actively contributes to the maintenance of just and sustainable development by caring and acting responsible on family, national and global levels.

†2 愛媛県の三市町(東温市、松前町、砥部町)の消費生活相談員が、相談窓口の整備や訪問相談の導入のほか、三市町の連携強化で迅速な相談対応を実現した例もあります。この例では「高齢者見守りネットワーク」を構築し、ネットワーク構成員から消費生活相談窓口に相談案件がつながる体制を整備したことが評価され、二〇一五年度の消費者支援功労者内閣総理大臣賞を受賞しました。

†3 ネスレ日本は、二〇一五年九月一日、「ネスレカカオプラン」の活動の一環として、UTZ認証ラベル(持続可能な農業のための国際的な認証プログラムで、適正な農業実践と農園管理、安全で健全な労働条件、環境保護、児童労働撤廃への取り組みの面で基準を設けて、全ての基準が満たされて初めて認証される)をキットカット全製品に導入するとプレスリリースしました。これは、児童労働を利用した原料を使用することに批判的な世論に配慮したものと言われています。

おわりに

このブックレットは、二〇一二年一二月に消費者教育推進法が施行されたことをきっかけに、この法律の内容、そして、この法律がめざしている「消費者市民社会」という考え方を理解してもらうために作りました。

しかし、「消費者市民社会」という考え方は新しいもので、みなさんにとって馴染みの薄いものだと思います。そこで、このブックレットでは、みなさんが理解しやすいように、「鈴木さんファミリー」に登場してもらいました。

私たちは、ひとりひとりが「消費者」です。そこに例外はありません。そして、すべての国民に消費者教育を受ける権利があると定めたのが、消費者教育推進法です。

さて、私たちは「消費者」としてどのような教育を受けていくのでしょうか。また、「消費者」としてどのような社会をめざしていくのでしょうか。

このブックレットには、その答えが書いてあるわけではありません。答えは人によって違うからです。しかし、自分自身の答えを見つけるために、たくさんのヒントを書いたつもりです。このヒントを手がかりに、自分自身の答えを見つけてください。このブックレットを読んだ後、みなさんの生活に少しでも変化が生じること、そして、それが将来、地球規模の大きな変化につながることを願ってやみません。

日本弁護士連合会消費者問題対策委員会

1985年9月，当時，クレジット・サラ金による多重債務および豊田商事事件など消費者被害が多発したことにより，消費者被害の予防・救済，消費者の権利の確立の見地から，消費者保護のための諸課題に関する情報を収集し，調査・研究を行ない，日弁連のとるべき方策についての意見を作成し，適切な措置をとることを目的として設置された．

【編集・執筆】
中村新造(第二東京弁護士会)
白石裕美子(第一東京弁護士会)
平澤慎一(東京弁護士会)

【執筆協力】
望月敦允(岩手弁護士会)
鎌田健司(仙台弁護士会)
江花史郎(新潟県弁護士会)
瀬戸和宏(東京弁護士会)
武田香織(東京弁護士会)
鶴岡寿治(静岡県弁護士会)
青島明生(富山県弁護士会)
島 田 広(福井県弁護士会)
高橋真一(鳥取県弁護士会)
岸田和俊(島根県弁護士会)
(以上，消費者教育・ネットワーク部会)

【協力】
古川美穂(フリーライター)
おぐらたかお(イラスト)

お買いもので世界を変える　岩波ブックレット 946

2016年 3月4日　第1刷発行
2018年12月5日　第2刷発行

著　者　日本弁護士連合会消費者問題対策委員会

発行者　岡 本 厚

発行所　株式会社 岩波書店
〒101-8002 東京都千代田区一ツ橋 2-5-5
電話案内 03-5210-4000　営業部 03-5210-4111
http://www.iwanami.co.jp/hensyu/booklet/

印刷・製本　法令印刷　装丁　副田高行　表紙イラスト　藤原ヒロコ

ISBN 978-4-00-270946-8　Printed in Japan